Couverture inférieure manquante

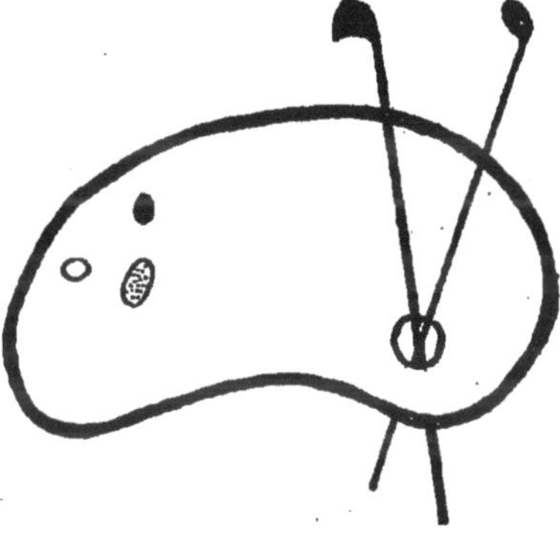

DEBUT D'UNE SERIE DE DOCUMENTS
EN COULEUR

RELATION

DE

SIDI BRAHIM DE MASSAT

TRADUITE SUR LE TEXTE CHELHA ET ANNOTÉE

PAR

RENÉ BASSET

PARIS
ERNEST LEROUX, ÉDITEUR
Libraire de la Société asiatique
de l'École des langues orientales vivantes, etc.
28, rue Bonaparte, 28

1883

RELATION

DE

SIDI BRAHIM DE MASSAT

TRADUITE SUR LE TEXTE CHELHA ET ANNOTÉE

PAR

RENÉ BASSET

PARIS
ERNEST LEROUX, ÉDITEUR
Libraire de la Société asiatique
de l'École des langues orientales vivantes, etc.
28, rue Bonaparte, 28

—

1882

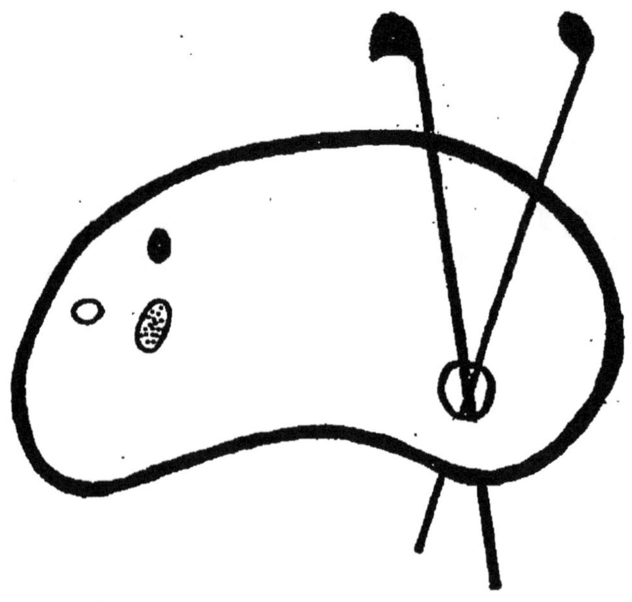

FIN D'UNE SERIE DE DOCUMENTS
EN COULEUR

RELATION

DE SIDI-BRAHIM DE MASSAT

DANS LE SOUS

AVANT-PROPOS.

Au Sud de la chaîne marocaine de l'Atlas, entre le cap Ir'ir et le Sénégal, s'étend une vaste contrée renfermant des territoires fertiles et des déserts immenses, peu connue des Européens qui ne l'ont visitée que comme esclaves ou déguisés, et cependant intéressante aussi bien au point de vue ethnographique, historique et linguistique qu'au point de vue géographique. C'est de là qu'au XIe siècle de notre ère s'élancèrent les hordes des Almoravides qui, d'un côté, arrêtèrent pour quelque temps les progrès des chrétiens d'Espagne, et, de l'autre, portèrent l'islam et sa civilisation sur les bords du Niger et du Sénégal. C'est là encore, que subsiste de nos jours, à côté des Berbères et des Arabes, une population d'origine différente, apparentée peut-être aux Tibbous et aux Mandingues et occupant déjà le pays au temps où les éléphants et les girafes erraient par troupeaux dans les forêts, sur les bords des fleuves aujourd'hui desséchés par suite du déboisement. Si les Éthiopiens Daratites de Pline l'Ancien sont les ancêtres des habitants actuels de l'Oued-Draâ et de l'Oued-Noun, et si l'on doit leur attribuer la civilisation originale dont il reste encore des traces dans le Djebel-Tabayoudt, le Djebel-Taskalaouin, le Djebel-Bani, etc., c'est ce qu'une exploration européenne pourra seule nous affirmer. Jusque-là, nous en serons réduits aux conjectures appuyées sur les renseignements que nous parvenons à arracher aux indigènes.

L'ouvrage dont je donne aujourd'hui la traduction appartient à cette dernière catégorie. C'est un des rares monuments de la langue berbère, qui n'ont pas été empruntés à des sources arabes et qui n'appartiennent pas à la littérature religieuse. Il n'existe guère, à ma connaissance, que les Temchaouts[1], le Kitab-Ech-Chelh'a[2], un fragment du Kalilah et Dimnah[3], le dialogue poétique entre le Henné et le Nard[4], les chansons kabyles publiées par le général Hanoteau[5] et celles de la bibliothèque de Leyde[6], enfin le commentaire du Bordah[7] qui soient dans le même cas. En 1834, l'Américain Hodgson, auquel on doit un certain nombre de publications relatives aux dialectes berbères, se trouvant à Tanger, fit composer par un t'aleb originaire de Massat, dans le Sous, une description de ce pays et des provinces voisines, renfermant des renseignements sur l'histoire, l'industrie et le commerce de cette contrée et sur les tribus qui habitent le Sahara occidental. Le texte berbère fut envoyé à Londres, ainsi qu'une version arabe faite par le même t'aleb et plus tard traduite en anglais et publiée par Hodgson dans le *Journal of Royal Asiatic Society* (t. IV, p. 115-130). M. F. W. Newman, à qui la Société Asiatique de Londres confia l'examen du manuscrit écrit en dialecte chelh'a, en donna, dans le même journal, une édition avec une version latine interlinéaire suivie de notes grammaticales[8]. Aucun commentaire historique ou géographique n'accompagnait ces deux traductions, dont la seconde ne pouvait être utilisée qu'au point de vue des études linguistiques. Il m'a semblé utile de combler cette lacune en m'aidant des géographes arabes et des renseignements fournis depuis une trentaine d'années par MM. Renou, Faidherbe, Rohlfs, Duveyrier, Gatell, de Castries, etc. J'ai pu ainsi rétablir un certain nombre de noms propres mal orthographiés dans le manuscrit, que je n'ai pu consulter. Quant aux passages corrompus, on comprendra que,

---

(1) Manuscrit de la Société Asiatique de Paris. Manuscrits de la Bibliothèque nationale de Paris, fonds berbère nos 1 et 17. La traduction de ces derniers, recueillis par le P. Rivière, a été publiée sous le titre de *Contes populaires kabyles*. Paris, 1882, in-12.

(2) Manuscrit de la Bibliothèque nationale de Paris, fonds berbère no 4.

(3) Manuscrit de la Bibliothèque nationale de Paris, fonds berbère no 1.

(4) Manuscrit cité par M. Newman, *Libyan Vocabulary*. London, 1882, in-8o.

(5) *Poésies populaires de la Kabylie*. Paris, 1867, in-8o.

(6) De Gœje, *Cat. codic. bibl. academ. Lugd. Bat.*, t. V, p. 128-130.

(7) Manuscrits de la Bibliothèque nationale de Paris, fonds berbère nos 7 et 10.

(8) *The narrative of Sidi-Brahim-ben-Muhammed El-Messi-El-Susi in the Berber Language with interlineary version and illustrations notes*, by F. W. Newman, Esq., *Journal of the Royal Asiatic Society*, London, 1848, p. 215-260. C'est cet ouvrage que, d'après la fausse indication d'un catalogue anglais, j'avais indiqué comme ayant peut-être été imprimé à Calcutta. (*Poème de Çabi en dialecte chelh'a* extrait du *Journal Asiatique*. Paris, 1879, in-8o., p. 35. Note.)

n'ayant pas l'original sous les yeux, je n'aie pu tenter une restitution du texte.

Il est un point sur lequel je désire attirer l'attention de ceux qui s'occupent de philologie berbère. A côté des détails curieux que donne Sidi-Brahim sur la fondation de l'État de Sidi-Hecham, sur les vaines tentatives des sultans de Fas pour imposer un tribut aux libres populations de l'Oued-Sous (tentatives qu'il est question de renouveler aujourd'hui), sur les scènes de piraterie qui rappellent l'histoire des États barbaresques dans les derniers siècles, le t'aleb de Massat énumère soigneusement les zaouïas où il a étudié et les mosquées qui possèdent des bibliothèques. Parmi ces dernières, celles d'Aglou et de Tazroualt contiennent, la première un manuscrit, la seconde quatre « *écrits en amazir', c'est-à-dire en chelh'a*, renfermant les paroles de Ben-Naçer ; *ces livres sont en langue chelh'a* ». L'ouvrage de ce marabout, intitulé *Kitab Amazir'* (1), traite des obligations, de la tradition, des choses licites ou illicites chez les mulsulmans, les chrétiens et les juifs, des ablutions, des prières obligatoires et surérogatoires, du jeûne, etc. C'est donc un ouvrage analogue au H'aoudh, au Bah'r-Eddomouâ (2) et au traité de Sidi-Brahim-ben-Abd-Allah (3).

Lunéville (Meurthe-et-Moselle), 22 août 1882.

CHAPITRE PREMIER.

Le t'aleb Sidi-Brahim, fils d'Amh'ammed de Massat (4), dans la province de Sous, a dit: (Que Dieu nous aide par

(1) Le nom d'un recueil de contes en dialecte chelh'a est formé de la même manière : *Kitab-Ech-Chelh'a* (Manuscrit de la Bibliothèque nationale de Paris, fonds berbère nº 4).

(2) Manuscrits de la Bibliothèque nationale, fonds berbère nºs 8, 6 et 9. Cf. de Slane, *Histoire des Berbers*, traduite d'Ibn-Khaldoun, t. IV, p. 536 et suiv.

(3) Manuscrit de la Bibliothèque nationale, fonds berbère nº 6.

(4) Massat, peut-être le Masatat de Pline l'Ancien, est située à l'embouchure du fleuve de ce nom, sur les frontières de l'État de Sidi-Hecham. Son origine est ancienne, car au temps d'El-Bekri (*Description de l'Afrique*, trad. de Slane, p. 356), c'était un *ribat'* (monastère guerrier) où se tenait un marché très-fréquenté et situé, d'après El-Yâkoubi (*Descriptio al Magribi*, éd. de Gœje, Leyde, 1860, in-8º, p. 22), près de la chapelle de Sidi-Behloul. El-Edrisi (*Description de l'Afrique et de l'Espagne*, éd. Dozy et de Gœje, Leyde, in-8º, 1866, p. 74 du texte) la place à 150 milles d'Asfi et nous apprend que les environs, jusqu'à Taroudant, étaient peuplés de Berbères Doggala (Cf. aussi Hartmann, *Edrisii Africa, editio altera*; Göttingen 1796, p. 170), tandis que, au dire d'El-Yâkoubi (*op. laud.*, p. 21 du texte et 156 de la trad.), le Sous était peuplé de Berbères Medâsa. Léon l'Africain (*Africæ descrip-*

la bénédiction de ses Saints. Amen). Voici ce qu'il raconte sur lui-même :

Lorsqu'il était chez son père, pendant son enfance, il allait à la mosquée lire auprès d'un t'aleb appelé Sidi-Moh'ammed-ben-Moh'ammed de Massat, dans la province de Sous. Il étudia près de lui pendant douze ans et demi. Son père lui donnait du pain et du kouskoussou, et il mangeait chaque jour pour huit deniers.

Je vais faire connaître le pays de Massat : il renferme dix-sept bourgs ; au milieu est un marché. Les juifs ont un asile dans le village du chef qui se nomme Mobarek-ben-Moh'ammed ; il habite chez un cheïkh (*amr'ar*) du nom de Brahim-Moh'ammed-Abou-Djemaâ. Ces deux chefs lèvent sur les juifs la capitation ; ils reçoivent d'eux quatre onces par famille, au commencement du mois. Si une fête des musulmans coïncide avec le sabbat des juifs, ceux-ci paient à chacun des chefs une once pour un juif ou une juive, un garçon ou une fille, petit ou grand.

Voici des détails sur la population de Massat : elle comprend dix-sept cents hommes ; quant aux femmes, aux petites filles ou aux petits garçons, il n'y a que le Seigneur qui connaisse leur chiffre ; il y a douze cent cinquante maisons ; les chevaux sont au nombre de cent quatre-vingts ; ils les montent ou s'en servent pour labourer ainsi que des bœufs et des mulets. Ils montent leurs chevaux pour combattre leurs ennemis.

Le pays renferme des arbres : ce sont des vignes, des figuiers, des cactus, des dattiers, des orangers, des citron-

---

tio. Libri IX. Lugduni Batavorum, Elzevier, 1632, in-32, p. 130) connaissait trois villes de « Massa » entre lesquelles passait l'Oued-Sous et dont les environs renfermaient de nombreux palmiers. Des oliviers en abondance sont mentionnés par Jackson (*Account of the empire of Morocco*). Mouette (*Histoire des conquestes de Mouley-Archy*, Paris, 1683, in-12) ne mentionne qu'un fleuve de ce nom, tandis que Marmol, sans citer son autorité, dit que cette ville, jadis célèbre sous le nom de Temest (forme berbère de Massat), fut détruite par les Arabes, lors de la conquête du Sous ; de son temps, on montrait aux environs un temple (celui de Sidi-Behloul ?) dont la charpente était faite de côtes de baleine, et la tradition populaire rapportait que le poisson de Jonas avait rejeté le prophète sur ce rivage (*l'Afrique*, de Marmol, de la niers, des pommiers, des abricotiers, des......... ([1]), des melons et des oliviers. Il y a un fleuve qui sort de là pour se jeter dans la mer. Le commerce est considérable ; on y trouve des juifs et des musulmans. Le nombre des livres qui sont dans les mosquées est inconnu, si ce n'est à Dieu. Les docteurs y sont nombreux ainsi que les pèlerins, les descendants de Moh'ammed et les Saints. Que Dieu nous aide par leur bénédiction. Amen et salut.

Nous allons parler du tribut que paient chaque année les gens de Massat au prince Mouley-Abd-Er-Rah'man ([2]). Jusqu'à nos jours, ils lui donnaient cinq mille livres d'argent depuis cinquante et un ans. Le prince leur dit : « Il faut absolument que vous payiez mille livres de plus. » Ils lui rapportèrent cette réponse : « Par Dieu, nous ne te donnerons comme auparavant que cinq mille livres, en plus un esclave, une servante et un cheval. » Le k'aïd Abd-Eç-Çadik', qui était khalifah du roi à Taroudant ([3]), s'em-

---

traduct. de Nicolas Perrot, sieur d'Ablancourt, Paris, 1677, in-4°, t. II, liv. III, ch. 21). C'est de Massat, suivant une légende rapportée par Ibn-Khaldoun (*Histoire des Berbers*, trad. de Slane, t. II, p. 290), que doit sortir le Mahdi attendu dans l'Afrique musulmane. (Cf. aussi Renou, *Description géographique de l'Empire du Maroc*, Paris, 1846, in-4°, p. 59-60). D'après Gatell, le vrai nom de la ville de Massat serait Agoubalou.

([1]) *Eddelah'?* Peut-être le *dagmous* de Gatell ?

([2]) Fils de Mouley-Hecham, il succéda en 1822 à son oncle, Mouley-Soliman, et mourut en 1859. On sait la part qu'il prit à la guerre de Abd-El-K'ader contre la France, ce qui amena la bataille d'Isly et le bombardement de Tanger et de Mogador. (Voir, sur le règne de ce prince, Godard, *Description et histoire du Maroc*, Paris, 1860, in-8° ; II partie, p. 573-585.)

([3]) Cette ville, à laquelle la version arabe donne le nom de « Fille de la Syrie », est bâtie au milieu d'une grande forêt de palmiers et d'oliviers, sur la rive droite de l'Oued-Sous dont elle est éloignée d'une journée de marche. Elle est entourée d'une ceinture de murailles, flanquée de tours, et renferme cinq mosquées. La fabrication d'objets en cuivre forme sa principale industrie (G. Rohlfs, *Mein erster Aufenthalt in Marokko*. Bremen, 1873, in-8°, p. 426-432). D'après Ibn-Khaldoun (*Histoire des Berbers*, t. I, p. 333), Taroudant aurait existé au temps de 'Ok'ba-ben-Nafi, le conquérant de l'Afrique, qui y aurait remporté sur les Berbères sa première victoire, celle qui lui ouvrit l'accès du Sous-El-Adna. En 448 de l'hégire (1056-1057 de J.-C.), elle fut prise ainsi que Massat et les autres villes du Sous par Abou-Bekr-ben-'Omar, frère du fondateur de la dynastie des Almoravides. (Ibn-Khaldoun, t. II, p. 71.) En 703 de l'hégire, Yaïch-ben-Yâkoub, frère du sultan Mérinide Yousef-ben-Yâqoub, la détruisit lors de la révolte des Beni-Gommi. (Ibn-Khaldoun, t. III, 493.) A la chute de cette dynastie, elle recouvra sa liberté qui lui fut bientôt enlevée par les chérifs en 1511, sous prétexte de la protéger contre les attaques des Portugais qui occupaient la côte (*l'Afrique*, de Marmol, t. III, ch. XXIV). De nos jours, elle ne compte plus guère que 8,?00 habitants, plus 200 soldats de garnison.

pressa d'envoyer contre eux cinquante-cinq cavaliers et leur dit : « Il faut absolument que vous donniez six mille livres d'argent, plus un esclave, une servante et six chevaux en surplus pour moi. » Ils le lui refusèrent, repoussèrent la cavalerie qu'il avait envoyée et répondirent : « Retournez vers le k'aïd qui vous a envoyés contre nous et rapportez-lui ceci : Nous n'augmenterons pas notre tribut de ce que tu nous demandes. » Les cavaliers revinrent sur leurs pas jusqu'à ce qu'ils arrivèrent à Taroudant, près du k'aïd Abd-Eç-Çadik' qui leur demanda : « Racontez-moi ce qui vous est arrivé avec les gens de Massat. » Il lui répondirent : « Ils se rassemblèrent tous au-devant de nous, près de la maison de leur chef, pour entendre la lecture de la lettre que tu nous avais donnée pour eux. Ils parlèrent tous contre nous et nous dirent : Reprenez votre route ; nous ne donnerons rien en plus » ; et la cavalerie revint chez le k'aïd. Celui-ci envoya vers des amis, les chefs qui gouvernaient les Achtouks ([1]), voisins du pays de Massat. Ils se réunirent et le k'aïd leur demanda : « Qu'allons-nous faire avec les gens de Massat ? » Les cheikhs des Achtouks lui répondirent : « Il faut absolument que tu avertisses le sultan à Merakech

---

Les juifs y ont un quartier à part. M. Gatell, qui la visita après M. Rohlfs, n'y trouva que trois mosquées et de nombreux oratoires. Cinq portes s'ouvrent dans les murailles crénelées ; à l'est, Bab-El-K'açbah ; au nord, Bab-El-Khamis (porte du jeudi) et Bab-Oulad-bou-Nouna ; à l'ouest, Bab-Targount et au sud-est, Bab-Ezorgan. La K'açbah est à l'est de la ville. (Gatell, *Description du Sous. Bulletin de la Société de géographie*, mars-avril 1871, p. 87-89, avec un plan de la ville.)

([1]) Les Achtouks sont les habitants du district appelé Estuque par Marmol, Stouka par Davidson et Chtoukah par les Arabes. Il est situé entre l'Oued-Sous et l'Oued-Massat et renferme 40 villages dont le plus important est Targuez. D'après le rabbin Mardochée, ils se divisent en Aït-Amira et Aït-bou-Lefaâ. (Duveyrier, *De Mogador au Djebel-Tabayoudt*, par le rabbin Mardochée Abi-Serour. *Bulletin de la Société de géographie de Paris*, décembre 1875, p. 566.) M. Gatell (*Description du Sous*, p. 81) énumère les sous-tribus suivantes : El-Meseguina, El-Ksima, Oulad-Amira, Aït-bou-Taïb, Aït-bou-Kou, Aït-bou-Lesa (peut-être les Aït-bou-Lefaâ de Mardochée), Aït-Yaza, El-Garani, Ida-Ou-bou-Zaa, Aït-Ou-Lougan (donné par Venture de Paradis comme la capitale du pays ; *Itinéraires*, ap. Hœfer, *Afrique australe et Maroc*, Paris, 1848, in-8°, p. 399), Aït-Moussa, Aït-Amer, Aït-Melek, Aït-Ou-Adrim, Couca, Ida-Ou-Garan. On sait qu'en berbère, le mot Aït signifie fils, et précède la plupart des noms de tribus. Ces populations ne sont soumises que de nom au sultan de Fas. (Faidherbe, *Renseignements géographiques sur la partie du Sahara comprise entre l'Oued-Noun et le Soudan ; Nouvelles Annales des Voyages*, 1859, t. III, p. 141. — Renou, *Description du Maroc*, p. 59, 159.)

(Maroc). » Il lui écrivit une lettre ainsi conçue : « Il est nécessaire que tu m'envoies une armée qui détruise les rebelles dans le pays de Massat. » Le prince s'empressa d'expédier trois mille cinq cents cavaliers à qui il donna pour chef Et't'aïb-Eddin qui les rejoignit chez le khalifah du roi à Taroudant. Lorsque les troupes royales furent arrivées chez lui, la quatrième nuit, il partit et les conduisit chez le t'aleb Moh'ammed des Aggars [1], au milieu du pays des Achtouks. Le t'aleb lui dit : « Il faut que tu retournes à Taroudant, que ton lieutenant parte avec eux et nous en causerons. » Le k'aïd répondit : « Très-bien. » Les chefs des Achtouks se levèrent, montèrent à cheval et précédèrent l'armée vers le pays de H'amd [2], dans la montagne qui est entre les Achtouks et l'Ida-Oultit [3]. Les troupes se précipitèrent vers le pied de la montagne, près de la rivière d'Alr'as [4] dans le pays de Takourt [5]. Les montagnards marchèrent contre elles et combattirent pendant trois jours jusqu'à ce qu'arrivèrent les saints et les chérifs qui les apaisèrent. Les montagnards descendirent vers l'armée ; le k'aïd les trompa : il saisit quatorze des principaux,

---

(1) Les Aggars sont peut-être les Ida-Ou-Garan (peuple du fils de Garan) mentionnés par M. Gatell comme une sous-tribu des Achtouks. (*Description du Sous*, p. 102.)

(2) Les Aït-H'amd habitent un pays arrosé par l'Oued-Alr'as, affluent de l'Oued-Massat.

(3) Le pays d'Ida-Oultit, écrit à tort par M. Newman *Iddadulit*, fait partie de l'État de Sidi-Hecham. Le radical *Ida* sert, comme *Aït*, à former les noms des peuples en berbère ; ainsi, Ida-Ougost, Ida-Ou-Méda, Ida-Ou-Belal, etc. Dans le touareg des Ahaggars, Idda signifie père ; en chaouïa, adda a le même sens ; tandis qu'en sénaga, Iddou s'emploie dans le même sens (Faidherbe, *Renseignements géographiques*, p. 143.) On peut comparer à *Ida*, le chaouïa *Ioudan*, gens, et peut-être ces deux mots se rattachent-ils à la même racine que *Medden* employé dans presque tous les dialectes berbères.

(4) L'Alr'as, affluent de l'Oued-Massat, prend sa source près de Takourt, dans le pays des Aït-H'amd, à deux journées sud-est de son embouchure (J. Gatell, *Description du Sous*, p. 82.) Ce nom est défiguré en Oualghav dans les *Itinéraires* de Venture de Paradis ; Davidson l'appelle Wolgrass. Ce changement d'*a* initial en *ou* vient de l'ignorance d'un fait grammatical de la langue berbère. (Cf. Hanoteau, *Essai de grammaire kabyle*. Alger, 1859, in-8°, p. 37.)

(5) Le texte porte *Boukoura*, sur lequel je n'ai trouvé aucun renseignement. J'ai donc corrigé en Takourt, qui ne diffère de Boukoura dans l'écriture arabe que par la position des points. Cet endroit fait partie du pays d'Aït-H'amd. (Voir la note précédente.)

d'entre eux et les envoya chez le k'aïd Abd-Eç-Çadik' à Taroudant. Le jour de leur arrivée, il fit couper leurs têtes qu'il suspendit à la porte........, un d'entre eux pour lire le K'oran jusqu'à ce que le matin brillât....... [1], un autre pour qu'il se réjouît jusqu'à ce que le matin brillât. Quant à l'armée qui était au-dessus de la rivière d'Alr'as, elle descendit vers les gens de Massat et fondit sur eux, à cause du tribut que réclamait le k'aïd. Elle arriva la nuit de la fête de la Nativité (de Moh'ammed), c'est chez eux la septième de la fête, pour leur faire payer complétement l'impôt de six mille livres et demie d'argent entre les mains du cheïkh El-H'asan-Oudellim [2] qui était avec eux. Le k'aïd dit aux troupes : « Il faut que vous entriez chez moi pour vous reposer. Réunissons-nous. » Mais elles répondirent : « Nous n'aurons pas de relations avec toi jusqu'à ce que nous ayons parcouru toute cette région. » Le k'aïd reprit : « Punissez-les par les tourments. » L'armée monta à cheval, pénétra dans les maisons et les dévasta. Les indigènes la reçurent avec de la poudre et on combattit pendant une demi-journée ; ils la battirent, elle abandonna ses canons ; ils tuèrent des ennemis jusqu'à ce que les troupes (du sult'an) s'enfuirent, et leur prirent 700 chevaux ; les bagages furent abandonnés, excepté six caisses (du trésor) ; de nombreux fusils furent brisés dans cette journée jusqu'à ce que les fugitifs arrivèrent au pays des Achtouks.

Le peuple de Massat avait pour alliées la tribu d'Aglou [3]

---

(1) Ce passage du texte paraît corrompu ; mais n'ayant pas eu le manuscrit sous les yeux, j'ai dû renoncer à le rétablir.

(2) Il s'agit probablement d'un individu originaire du village de Dar-Ould-Delimi, situé sur le territoire des Achtouks. Il s'y tient le dimanche un marché très-fréquenté. C'est sans doute à la famille de ce cheïkh qu'appartient le chef actuel des Achtouks, Moh'ammed-Ould-Delimi. (Gatell, *Description du Sous*, p. 101-104).

(3) Aglou est le nom d'une tribu, d'un village et d'un cap. Celui-ci est déjà mentionné par une carte construite entre 1384 et 1400, d'après les renseignements des navigateurs portugais (Renou, *Description du Maroc*, p. 51-62). Mouette (*Histoire des conquestes de Mouley-Archy*, p. 465) nomme ce village Aguilou, et dit qu'avec Sainte-Croix (Santa-Cruz ou Agadir) c'était le port de la province de Sous où les vaisseaux

et celle de Tiznit [1], qui formaient un nombre égal au sien. Quant aux canons abandonnés le jour du combat, les vainqueurs en emportèrent deux dans leur pays, jusqu'à ce qu'on leur eût rendu les six mille livres et demie d'argent qui leur avaient été prises. Alors ils restituèrent les canons qu'ils avaient enlevés le jour de la bataille.

Tel est le récit complet de ce qui arriva entre la tribu de Massat, le khalifah du roi qui l'administrait et les tribus voisines.

CHAPITRE II.

RENSEIGNEMENTS SUR LE PAYS DE TAZROUALT [2].

Le t'aleb Sidi-Brahim, fils de Moh'ammed, de Massat, dans le Sous, raconte ce qui suit :

Il partit pour la zaouïah de Tazroualt pour y étudier pendant sept mois chez le t'aleb Sidi-Moh'ammed-Adjeli, une des plus grandes lumières. Le nombre des t'alebs qui étudiaient chez lui était de 74. 32 d'entre eux lisaient la loi, Sidi-Khalil, l'Alfyah, et ce que chacun des cheïkhs a enseigné sur la loi. Les autres lisaient le K'oran. Aucun des t'alebs ne payait la nourriture qu'il recevait : elle était fournie par le chef du pays, Hecham [3], celui

---

venaient trafiquer. Le nom a été défiguré en Aguluh, Akuli et Agulu par Davidson, Gråberg de Hemsö et quelques cartographes. Aglou renferme aujourd'hui près de 900 maisons, dont 150 en ruines, protégées par un petit fort. (Gatell, *Description du Sous*, p. 92.)

(1) Les *Itinéraires* de Delaporte placent Tiznit (et non Taznit ou Tézinnt) près d'Aglou. Elle est située entre ce village et Ouodjan, sur un territoire fertile en fruits et appartient au canton d'Ida-Oultit. (Venture de Paradis, *Itinéraires*, ap. Hœfer, *Afrique australe*, p. 399; Gatell, *Description du Sous*, p. 92-95.) En berbère, *tenit* signifie île.

(2) Le pays de Tazroualt, qui en berbère signifie lièvre, a été visité par M. Gatell et le rabbin Mardochée. Il est indépendant depuis une soixantaine d'années : le chef actuel, Sidi-H'osein-ben-Hachem, ennemi fanatique des chrétiens, réside à Ileg, sous la protection de 60 cavaliers nègres et de plusieurs canons qu'il a fait venir de l'Oued-Noun. (Gatell, *Description du Sous*, p. 104-105.) M. Duveyrier a signalé le rapport qui existe entre le nom de Tazroualt et les dessins rudimentaires trouvés par le rabbin Mardochée sur les rochers de la province de Sous. (Duveyrier, *Sculptures antiques de la province marocaine de Sous. Bulletin de la Société de géographie de Paris*, août 1876.)

(3) Sidi-Hecham-ben-Ah'med-ben-Mousa se rendit indépendant du Maroc en 1810 et donna son nom au petit État qui a pour capitale Talant. A cette époque, l'Oued-Noun faisait peut-être partie de ce pays, dont il paraît s'être séparé depuis. (Renou, *Description du Maroc*, p. 378-379; Godard, *Le Maroc*, 2e partie, p. 579-580).

qui gouverne. Il donnait à la zaouïah mentionnée six servantes et six esclaves pour cuire la nourriture des t'alebs dont nous venons de parler. Le nombre des villages de cette contrée est de neuf. La k'asbah de Hecham est située au milieu du pays. Le quartier des juifs est à sa gauche. Le marché se tient chaque jour à l'entrée du fort qui est bâti entièrement avec de la chaux, des pierres, des planches et des poutres : celles-ci sont en bois de pin.

Les richesses y abondent ; des caravanes partent de là pour Temboktou (1), le Soudan, le Çah'ara et Agadir-N'douma (2). Elles vont dans ces pays pour y acheter de l'ivoire, des plumes d'autruche, des esclaves, de l'or et de l'argent. Si la caravane se hâte, elle ne revient cependant, dans les pays mentionnés ci-dessus, qu'au commencement de l'année suivante. Lorsqu'elle repart pour ces contrées, elle rapporte beaucoup de marchandises qu'elle envoie à ses amis les marchands de Taççouirt (3). Ils les achètent et donnent en échange aux caravanes d'autres marchandises telles que de la toile, des cotonnades, des soieries, du fer, de l'acier, de l'encens, du corail, du girofle, du nard, de la mercerie, de la poterie, des verres et tout ce qui vient, dit-on, du pays des chrétiens. Lorsque les marchandises énumérées ci-dessus arrivent, les marchands musulmans et juifs vont au-devant et les achètent toutes suivant les besoins de leur commerce.

---

(1) Sur le commerce des caravanes entre le Maroc méridional et le Soudan, voir Faidherbe, *Renseignements géographiques*, p. 150-152, et Rohlfs, *Mein erster Aufenthalt*, p. 449-450.

(2) Le texte porte *Agardir-en-Douma* lu par M. Newman *Noud-Daoum*. Il s'agit d'Agadir-Douma, bâtie sur l'emplacement de l'ancienne forteresse espagnole de Mar-Pequeña de Santa-Cruz. C'est une sorte de citadelle, défendue par des murailles de 6 mètres de haut et d'un mètre d'épaisseur, et percée de quatre rues. Elle ne possède qu'une seule porte vers le sud-est et renferme au plus 500 habitants. La garnison est de 50 hommes. (Gatell, *Description du Sous*, p. 89-90 ; Pellissier, *Mémoires historiques et géographiques*, Paris, 1844, p. 188, 155 ; Fernandez-Duro, *Exploracion de una parte de la costa noroeste de Africa en busca de Santa-Cruz de Mar-Pequeña. Boletin de la Sociedad geogr. de Madrid*, mars et juillet 1878.)

(3) Taççouirt est le diminutif berbère correspondant à la forme arabe Çoueïrah, qui désigne dans le pays la ville de Mogador. Ce dernier nom est une altération de Mogdoul ou Amogdoul, saint musulman dont le tombeau est situé auprès de la ville. (El-Bekri, *Description de l'Afrique septentrionale*, p. 204.)

J'ajouterai ici, avec plus de détails, quelques mots sur Hecham. Il a douze fils, tous cavaliers, qui possèdent trente-cinq chevaux. Quant aux bœufs, aux moutons et aux chameaux, Dieu seul peut en dire le chiffre. Le nombre des femmes qu'a épousées Hecham est de quatre blanches et six esclaves (noires). Son fils aîné a épousé autant de femmes blanches, mais il a plus de négresses que son père. Seuls, les enfants de Hecham montent sur les chevaux dont j'ai parlé plus haut. Les hommes de Tezroualt sont au nombre de 1,400, mais pour les femmes, les garçons et les filles, Dieu seul en sait le chiffre. Ils possèdent deux cents chevaux, sans compter ceux de Hecham. Il y a 750 maisons. Le nombre des livres qui se trouvent dans la mosquée est de 130, dont quatre écrits en amazir', c'est-à-dire en chelh'a (1), renfermant les paroles de Ben-Naçer. Ces livres sont en langue chelh'a.

Je parlerai aussi des arbres qui existent dans le pays et je donnerai le nom des principaux : le figuier, le dattier, la vigne, l'amandier, le noyer, le grenadier, l'oranger, le citronnier, le pommier et l'abricotier ; tous les arbres dont on peut parler se trouvent dans cette contrée.

On appelle fleuve de Tazroualt, celui qui traverse le pays. Le nombre des provinces de Sidi-Hecham est considérable ; je vais donner la liste complète des districts sur lesquels il règne :

Le premier de tous se nomme Imeddjad de Tazlim (2); le second, Aït-Ouankidha (3); le troisième, Ida-ou-Bâk'il (4);

---

(1) Il semble que Sidi-Brahim ait voulu marquer que ces livres sont écrits non-seulement en dialecte chelh'a, mais aussi en caractères amazir', ce qui leur donnerait une grande valeur. Dans ce cas, il serait curieux de vérifier si l'écriture se rapproche de celle des Touareg, des inscriptions libyques ou guanches. Sur Ben-Naçer, voir la note 4 de la page 15.

(2) Version anglaise : « *Endjad de Tezleim* ». Comme nous le verrons plus loin, Imeddjad ou Medjadj est aussi le nom d'une tribu de l'Oued-Noun. El-Bekri (*Description de l'Afrique septentrionale*, p. 314) mentionne une ville de Tameddjathat dans l'Oued-Draâ, à une journée de marche de Tioumetin, capitale de ce pays.

(3) Version anglaise : « *Aïth-Wankos* ».

(4) Les Ida-Oubâk'il sont les Ayduacal (Aït-bou-Akal) de Marmol (*L'Afrique*, t. III, liv. III ch. 17), d'après lequel ils vivaient à l'état sauvage et pouvaient mettre

le quatrième, Ida-Gar-Semoukt [1]; le cinquième, El-Mâdar [2]; le sixième, Ouoddjan [3]; le septième, Aït-Ibrahim [4]; le huitième, Aït-Abdallah [5]; le neuvième, Aït-Rakha; le dixième, Ifran [6]; le onzième, Ida-Oultit; le douzième, Ida-Ousemlal [7]. Il n'y a que lui qui règne dans les pays mentionnés ci-dessus; il fait couper les têtes et les mains et agit comme il veut.

Je vais indiquer l'extraction de Hecham: il est de la

---

sur pied 20,000 combattants. Les *Itinéraires* de Venture de Paradis les placent entre Massat et Ighran, sur la route de Tombouctou. Ils habitent au sud des Ida-Garsmoukt, près de la source de l'Oued-Tazrouält (Duveyrier, *De Mogador au Djebel-Tabayoudt*, p. 578), et forment, d'après M. Gatell, qui les appelle Ida-bou-Akkil, une tribu indépendante (*Description du Sous*, p. 102).

(1) Version anglaise: « *Girsunukt* ». La carte du royaume de Maroc, par Samson, jointe à la traduction de Marmol par Perrot d'Ablancourt, en fait mention sous le nom de Deursumugt. D'après Venture de Paradis, le nom d'Ida-Oughar-Sumought signifie en berbère les possesseurs de la poudre fatale (?). Le rabbin Mardochée les appelle Ida-Gar-Ousamoukt et les place sur les deux rives de l'Oued-Aïr'as (Duveyrier, *De Mogador au Djebel-Tabayoudt*, p. 567), tandis que M. Gatell leur assigne comme territoire la partie montagneuse du Sous, pays très-fertile en dattes (Gatell, *Description du Sous*, p. 82).

(2) El-Mâder est mentionné par Bou'l-Moghdad (*Voyage par terre entre le Sénégal et le Maroc. Revue maritime et coloniale*, mai 1861, p. 492) comme situé entre Tiznit et Massat. On y voit la K'oubbah de Sidi-Abdallah-bou-Choaïb. El-Mâdar est aussi le nom porté par l'Oued-Draâ en traversant le pays des Ida-ou-Belal (H. de Castries, *Notice sur la région de l'Oued-Draâ. Bulletin de la Société de géographie de Paris*, décembre 1880, p. 518).

(3) Ouoddjen (Ouzzan ou Oujjan) est une bourgade au sud-est d'Aglou. Il ne faut pas la confondre avec la ville d'Ouzzan où demeure le chef de la confrérie des Mouley-T'aïeb. D'après M. Rohlfs, elle est le siége d'une zaouïah dirigée par un chérif du nom de Sidi-H'ammad-ben-Mouça (*Mein erster Aufenthalt in Marokko*, p. 423-424).

(4) Venture de Paradis donne 2,000 habitants à Aït-Ibrahim dont il fait une ville, tandis que M. Gatell place cette tribu parmi les nomades de l'Azouafid dans le Tekna. (. Gatell, *L'Oued-Noun et le Tekna. Bulletin de la Société de géographie*, octobre 1869, p. 276.)

(5) Les Aït-Abdallah sont sans doute les descendants du cheïkh éponyme dont la k'oubbah est à El-Mâdar.

(6) Ifran se composait, au temps de Léon l'Africain, de quatre forteresses séparées par des plantations de palmiers, sur le bord d'un ruisseau qui tarissait en été. Les habitants faisaient le commerce avec les Portugais et poussaient jusqu'à Tombouctou. Ils manquaient de froment que remplaçaient les dattes; leurs fabriques de chaudrons étaient renommées en Afrique. Ce district très-riche possédait une belle mosquée (*De Africæ descriptione*, t. II, p. 601), située, d'après Davidson, à deux journées de marche de l'Oued-Noun. Ifran est encore de nos jours une réunion de petits villages. Son commerce, assez considérable, est entre les mains des juifs. Non loin de là, on aperçoit les ruines de l'ancien fort européen de Tioukount (Renou, *Description du Maroc*, p. 62-63; J. Gatell, *Description du Sous*, p. 92).

(7) Ida-Ousemlal est un pays montagneux placé par les cartes au sud de Tillin et au nord-est d'Ifran, au centre de l'Oued-Noun, et par les *Itinéraires* de Venture de Paradis, dans le district d'Achtouk. Une fraction des tribus de marabouts de l'Adrar porte le nom de Smalil (Faidherbe, *Renseignements géographiques*, p. 148).

descendance de Semlal (Ida-Ousemlal). Cette famille tire son origine de Mouley-Idris ([1]), et celui-ci est issu de Moh'ammed, le prophète de Dieu (le salut et la bénédiction de Dieu soient sur lui). Mouley-Abd-Er-Rah'man est de souche Filali ([2]), qui descend de Mouley-Idris issu lui-même de Moh'ammed, le prophète de Dieu (le salut et la bénédiction de Dieu soient sur lui). Voilà la différence entre Abd-Er-Rah'man et Hecham ; tous deux ont Moh'ammed pour ancêtre commun.

CHAPITRE III.

RENSEIGNEMENTS SUR LA VILLE DE TAMGROUT ([3]).

Le cheïkh Sidi-H'ammad, fils de Moh'ammed, Mouley-ben-Naçer ([4]) (que Dieu lui fasse miséricorde), a composé son livre en amazir'. Il est intitulé *Kitab amazir'*. Cet ouvrage traite des obligations et de la tradition (*sonnah*), des

---

([1]) Sur Mouley-Idris, qui se disait issu d'Ali, fonda en Afrique la première dynastie indépendante du khalifat d'Orient avec Fas (Fez) pour capitale et mourut assassiné, on peut consulter Fournel (*Les Berbers*, in-4°, t. I, Paris, 1875, p. 396 et suivantes, où sont résumées les données des historiens arabes).

([2]) Filali ou Allal est le Tafilelt des modernes. Les chérifs Filalis se disant issus d'Ali par H'asan, son second fils, remplacèrent au Maroc les chérifs H'assani. Le premier prince de cette dynastie fut un certain Ali, venu de Yanbo, qui prit, vers 1603, le nom de Mouley-Chérif. (Cf. Godard, *Le Maroc*, t. II, p. 487 ; Chénier, *Recherches historiques sur les Maures*. Paris, 1787, 3 vol. in-8°, t. III, ch. V ; et sur le Tafilelt, Caillié, *Journal d'un voyage à Tembocton*, 3 vol. in-8°. Paris 1830, t. III, ch. 28; Dastugue, *Quelques mots au sujet de Tafilelt et de Sidjilmassa*. Paris, 1869, in-8°; Rohlfs, *Mein erster Aufenthalt in Marokko*, p. 126-135.)

([3]) Tamgrout, principale ville du district de Fezouatha, est située sur la rive gauche de l'Oued-Draâ, à quelque distance du fleuve et à six jours de marche de Maroc (Caillié, *Voyage à Tembocton*, t. III, p. 54; Renou, *Description du Maroc*, p. 152-153). On peut la considérer comme la capitale du pays de Draâ, à cause de l'importante zaouïah qu'elle possède et dont il sera question dans la note suivante. (Cf. Rohlfs, *Mein erster Aufenthalt*, p. 441.)

On remarquera que, dans ce chapitre, il n'est nullement question de Tamgrout. Le rédacteur aura oublié le sujet dont il voulait parler pour passer à Sidi-ben-Naçer.

([4]) Sidi-H'ammad (ou Moh'ammed) ben-Naçer est le fondateur de la zaouïah de Tamgrout, dont l'influence s'étend jusqu'au nord du Tafilelt. Il avait, dit-on, le don d'entendre et de parler la langue des animaux, privilège que possédèrent avant lui le roi Solaïman (Salomon), le khalife Haroun-Er-Rachid et son vizir Djâfar le Barmékide. Il reçut l'initiation et la règle de l'ordre du marabout de Tafilelt, Sidi'l-R'azzi. Son frère, Sidi-Ali-ben-Naçer, fonda une corporation d'habiles tireurs. En 1861, le chef de la zaouïah de Sidi-H'ammad était encore Si-Bou-Bekr que M. Rohlfs donne pour arrière-petit-fils de Ben-Naçer. (Rohlfs, *Mein erster Aufenthalt*, p. 446-449; H. de Castries, *Note sur la région de l'Oued-Draâ*, p. 514-516.)

choses licites et illicites. Il parle des prescriptions sur les ablutions grandes ou petites ; il rappelle les prières obligatoires ou facultatives ; il mentionne l'obligation du jeûne et énumère ce qui est permis ou défendu aux hommes ; enfin il traite de l'aumône, de la rupture du jeûne et de tout ce qu'on peut mentionner de licite et d'illicite chez les musulmans, les juifs et les chrétiens.

Sidi-Mouley-Abd-Er-Rah'man donne chaque année à Sidi-bou-Bekr, fils de Ben-Naçer, cinq mithk'als d'argent. Ce Sidi-bou-Bekr, dont je viens de parler, demeure dans sa zaouïah jusqu'au commencement de l'année, alors il part avec ses amis pour la ville appelée Taroudant. Tandis qu'il y séjourne, le peuple de Sous fait une collecte d'argent et lui donne un k'ant'ar. Le cheïkh Ben-Naçer, dont il est question, est un saint homme devant le Seigneur qui lui a donné la sagesse pour gouverner les génies et les hommes. Que Dieu nous favorise par la bénédiction de son ancêtre !

CHAPITRE IV.

DES RELATIONS ENTRE HECHAM ET MOULEY-ABD-ER-RAH'MAN.

Sidi-Hecham doit lui envoyer chaque année un présent consistant en une servante et un esclave. Mouley-Abd-Er-Rah'man doit lui adresser tous les ans un k'ant'ar. C'est ce qu'il appelle l'aumône de son ancêtre Sidi-H'ammad, de Massat. Que le Seigneur nous favorise par la bénédiction de sa zaouïah !

CHAPITRE V.

AUTRES RENSEIGNEMENTS.

Le t'aleb Sidi-Brahim, fils de Moh'ammed, de Massat, dans le Sous, rapporte qu'il voyagea dans le district d'Aglou, où il étudia pendant neuf mois auprès d'un t'aleb nommé Sidi-Moh'ammed-ben-Hoseïn-Adjarrar. Le nombre des t'alebs, ses disciples, était de 52, dont 15 étudiaient la science (du droit?), les autres lisaient le K'oran. Les livres qui se trouvaient dans la zaouïah d'Aglou étaient au nombre de 83; il n'y en avait qu'un seul en amazir'.

Les revenus qui nourrissent les t'alebs sont fournis par la population d'Aglou et consistent en la moitié de la dîme en blé, orge, millet et toutes sortes de céréales. Ils recueillent tout cela et le portent dans la zaouïah. Dans les bâtiments de celle-ci habitent, par ordre de la population, quatre familles qui préparent le repas des t'alebs. Le tribut imposé par Ali-ben-Abdallah est de quinze onces par maison. Cet argent est recueilli et donné aux fak'ihs qui achètent avec cela de l'huile, de la viande, du savon et toute espèce de choses, à leur gré.

Le nombre des bourgs de la province d'Aglou est de dix-neuf; il y a deux chefs dont voici les noms: le principal est Ali, fils de Abdallah; le second s'appelle Abdallah, fils d'Embarek.

Il y a 3,250 hommes dans le pays d'Aglou; ils possèdent 2,200 habitations et 960 chevaux. Le nombre des femmes, des filles et des garçons n'est connu que de Dieu. Ce district est situé au bord de la mer, il possède un port bâti en chaux ([1]). On y trouve des barques qu'on monte pour prendre des poissons.

Les habitants vivaient tranquilles, lorsqu'un jour, tandis qu'ils s'embarquaient pour pêcher, un navire arriva près d'eux. Ils s'enfuirent effrayés et le laissèrent en mer. Le vaisseau y demeura jusqu'au milieu de la nuit; il entra dans le port où il s'arrêta et arbora son pavillon rouge au haut du mât: il resta à l'ancre pendant quinze jours. Les gens d'Aglou se réunissaient nuit et jour, grands et petits, même leurs cavaliers, devant lui. Aucun n'y manquait. Les chefs de la ville écrivirent des lettres qu'ils envoyèrent par tous les villages: ils en expédièrent à Sidi-

([1]) La version arabe ajoute « et en pierres ».

Hecham en ces termes : « Il faut absolument que tu viennes chez nous ; si tu nous interroges davantage au sujet de ton arrivée, (sache que) les chrétiens ont fait une expédition contre nous et se sont emparés de notre port. » Sidi-Hecham envoya des messagers dans toutes les provinces sur lesquelles il régnait et leur dit dans ses lettres : « Il est nécessaire que vous m'accompagniez dans le pays d'Aglou, car les chrétiens ont fait une expédition contre nous. » Toutes les tribus voisines se rassemblèrent pour marcher contre eux. Lorsque Sidi-Hecham les eut rejointes, il leur dit : « Il faut que vous arboriez un drapeau rouge comme celui-ci. » On l'arbora. Lorsqu'il fut aperçu du vaisseau, un marin descendit, monta dans une barque et aborda à terre près des musulmans qui se rassemblèrent devant lui : « Que personne de vous, dit Sidi-Hecham, n'adresse une parole outrageante à ce chrétien, pour que nous puissions nous entretenir et qu'il nous fasse savoir ses projets. » On lui demanda : « Que nous veux-tu ? » Le chrétien répondit : « Nous voulons, au nom de Dieu, recevoir de vous des gages de sûreté. » Tous ceux qui étaient en avant lui dirent : « Dieu t'accorde chez nous la sécurité. » Il continua : « Mon intention est de trafiquer avec vous. » — « Cela nous sera fort agréable », répondit Hecham.

Les cheïkhs des districts qui n'appartenaient pas à Sidi-Hecham se rassemblèrent en conseil et lui dirent : « Ce langage ne nous plaît pas à cause de Mouley-Abd-Er-Rah'man. » Hecham répliqua : « Je suis (seul) responsable de ces paroles devant le Sult'an. » — « C'est bien », répondirent les cheïkhs, et un acte fut dressé à ce sujet par les âdels.

Ensuite Hecham demanda au chrétien : « Que veux-tu acheter chez nous ? » — « De l'huile, du beurre, du blé, des bœufs, des moutons et des poules, dit-il ; voilà ce que je désire acheter. » Lorsque les musulmans entendirent ces paroles, ils rassemblèrent du blé, de l'huile, des bœufs et tout ce dont il avait parlé ; il fit ses emplettes et fut largement approvisionné. Le chef du vaisseau dit alors : « Nos achats sont terminés ; il faut que je les rapporte dans mon pays ; mais je reviendrai vers vous. » Hecham répondit : « Ce que j'ai fait pour toi n'est pas agréable au peuple d'Aglou : ce n'est qu'à cause de Dieu et du gage de sûreté qui est entre nous (que j'ai agi ainsi). » Puis il ajouta : « Voilà ce que j'ai fait pour toi, je t'ai donné tout ce que tu as demandé dans notre contrée. Si tu pars pour ton pays, il faudra que tu m'achètes chez toi cinquante canons et dix obusiers. » — « Très-bien, lui dit le chrétien ; je reviendrai vers cette époque de l'année. » — « Fais ce que je t'ai indiqué, reprit Hecham, et je te donnerai ensuite tout ce que tu désireras dans le pays des musulmans. »

Ces renseignements ont été fournis par le t'aleb Sidi-Brahim, fils de Moh'ammed, de Massat, dans le Sous.

CHAPITRE VI.

RENSEIGNEMENTS SUR LE PAYS DES AÏT-BAMOURAN [1].

Il arriva chez eux, au commencement de l'année, un autre vaisseau qui s'arrêta près d'un endroit appelé Ifni [2], dans la tribu des Aït-Bâmouran, et y resta trois jours. Puis (un des marins) vint dans une barque, aborda à terre et dit aux habitants : « Je vous achèterai du pain, de la viande, de l'eau et tout ce que je puis vous demander. » Les musulmans lui apportèrent du pain, des figues et de l'eau en disant : « Il faut que vous nous remettiez deux d'entre vous pour être à terre, pendant que nous irons avec vous sur le vaisseau. » — « C'est bien », répondit le chré-

---

(1) D'après Davidson (*African Journal*, London, 1839, in-4°, p. 82-84), le territoire de cette tribu s'étend depuis le district d'Aglou jusqu'à l'Oued-Noun, dans la partie montagneuse de l'Oued-Sous. Les Aït-Bâmouran comprennent 18 fractions : Aït-Brahim, Zoggan, Aït-Sebt, El-Koraïma, Ida-Ou-Souggoum, Aït-bou-Bekr, Aït-Youb, Aït-Mestiten, Isabrina, Mousakna, Smehra, Aït-Isimour, Idou-Sougou, Aït-Ali, Sebouya. (Gatell, *Description du Sous*, p. 102.)

(2) La carte du Maroc, jointe à l'ouvrage de M. Godard, place Ifni à 24° latitude Nord.

tien, puis il alla chercher deux des siens qu'il amena à terre près des musulmans et leur dit : « Il faut que vous me remettiez l'un des vôtres. » Ils lui donnèrent un otage pour demeurer sur le navire chrétien. Puis ils remplirent une barque, montèrent eux-mêmes sur le vaisseau et livrèrent ce qu'ils avaient apporté. Ils parcoururent entièrement le bâtiment jusqu'à ce qu'ils eussent vu tout ce qui s'y trouvait et dirent : « Il faut venir avec nous à une source où nous puiserons de l'eau. » Les chrétiens les accompagnèrent à la fontaine pour y remplir leurs tonneaux. D'autres habitants, au nombre de quinze, montèrent sur un bateau et vinrent près du vaisseau. Les chrétiens, dont deux étaient en otage et cinq partis pour aller chercher de l'eau, ne se trouvaient plus que quatre à bord quand les musulmans y montèrent. L'un d'entre eux dit à ceux-ci : « Ne montez pas jusqu'à ce que les nôtres qui sont à la source soient revenus. » — « Nous monterons de force », lui fut-il répondu et l'escalade commença. Un chrétien tua d'un coup de fusil un des agresseurs, puis l'on combattit jusqu'à ce que ces derniers fussent montés de force. Ils tuèrent deux ennemis, s'emparèrent des deux autres et les emmenèrent à terre vers ceux-là même qui étaient partis la veille pour puiser de l'eau. Des marins musulmans montèrent sur une barque et allèrent au vaisseau dont ils enlevèrent l'ancre ; ils l'emportèrent à terre et la cédèrent pour 180 mithk'als. Les chrétiens furent tous vendus et dispersés dans les tribus. La nouvelle s'en répandit dans les autres pays et arriva à Taççourt (Mogador). Des marchands de cette ville envoyèrent leurs amis et leur donnèrent de l'argent en disant : « Il faut que vous partiez pour le pays des Aït-Bâmouran et que vous rachetiez tous les chrétiens qui sont là, sans en laisser un seul, à n'importe quel prix. » Les musulmans, amis des marchands, se mirent en route et allèrent chez le cheïkh (*amr'ar*) qui gouvernait toute cette province. Ils lui présentèrent leurs hommages et lui dirent : « Nous voulons, avec (la permission de) Dieu, que tu nous aides à racheter les chrétiens pris par les musulmans. » Le cheïkh leur répondit : « C'est très-bien, soyez les bienvenus. » Puis il s'empressa d'envoyer chez ceux qui possédaient les captifs pour réunir ceux-ci. On en amena sept; il en manquait trois dont deux étaient dans le pays des Aït-bou-Bekr [1], chez le chef de cette tribu, qu'on appelait Abd-Allah, fils de Bou-Bekr; le troisième, qui était un enfant, se trouvait chez le cheïkh d'Aglou qui dit : « Je ne vous vendrai pas celui-ci, car il m'est cher comme un fils. » Puis s'adressant au jeune garçon : « Je veux te convertir, sois musulman. » L'enfant accepta et embrassa l'islamisme. Le jour de son abjuration, le cheïkh tua en son honneur un bœuf pour un festin, donna au converti le nom de Moh'ammed, puis il envoya dire dans toute sa tribu : « Venez chez moi, j'ai préparé un repas. » Les musulmans se réunirent et se divertirent avec leurs chevaux et la poudre. Ils placèrent l'enfant sur la monture du cheïkh et firent des démonstrations en avant de lui jusqu'à la zaouïah, où il fut circoncis selon la loi et la règle de notre Seigneur Ibrahim, l'ami du Miséricordieux. Le chef leur dit : « J'ai donné le quart de mon bien [2], un esclave et une servante (à cet enfant). » Il ajouta : « Je le confie à la zaouïah pour qu'il y demeure avec mon fils. » Tous deux habitaient la même chambre, le père leur procurait de la nourriture de la manière qui a été mentionnée plus haut. Le Seigneur donna l'intelligence au converti : il apprit par cœur le sublime K'oran tout entier et les musulmans ne l'appelèrent plus que Sidi-Moh'ammed, fils de Ali.

Nous passons à d'autres détails sur les sujets du cheïkh de Bâmouran. Ils n'avaient en leur possession que sept

---

(1) Les Aït-Bou-Bekr sont une fraction des Aït-Bâmouran et habitent, dans les montagnes, le canton de Sidi-Bou-Bekr, où se trouvent des mines d'or. (J. Gatell, *Description du Sous*, p. 83.)

(2) Version anglaise, « quatre cents mithk'als ».

chrétiens qui furent rachetés au prix de 550 mithk'als par tête et renvoyés par le chef avec ses amis, de ce pays dans un autre, jusqu'à ce qu'ils arrivèrent à Taççourt chez les marchands qui demandèrent : « Où sont les autres ? » On répondit : « Deux d'entre eux sont chez le cheïkh des Aït-bou-Bekr qui a refusé de les vendre ; le troisième chez le chef des gens d'Aglou, et deux ont péri sur mer le jour où les musulmans les surprirent par trahison. » Les marchands donnèrent des vêtements à tous ceux qui étaient arrivés à Taççourt et les conduisirent dans un vaisseau où ils s'embarquèrent et retournèrent dans le pays des chrétiens.

CHAPITRE VII.

RENSEIGNEMENTS SUR LE PAYS DE TIZNIT.

Cet endroit est une sorte de ville entourée de tous côtés par un mur où il n'y a que deux portes. L'eau se trouve au centre, dans une fontaine. La forteresse qui renferme les approvisionnements est bâtie au-dessus de la fontaine, au milieu de la ville ; elle est entièrement construite en chaux, en pierres de taille, en marbre et en poutres ; tout cela provient du pays des chrétiens. C'était la résidence du khalifah du roi, au temps de Mouley-Soliman. Lorsque ce prince mourut, les gens de Tiznit se révoltèrent, chassèrent le lieutenant et se réunirent tous, grands et petits, contre la citadelle qu'ils détruisirent entièrement, sans en rien laisser. Ils rassemblèrent les pierres, les poutres et les portes et en bâtirent une mosquée au milieu (de l'emplacement) de la k'açbah, autour de la source dont nous avons parlé. Mais lorsque Mouley-Abd-Er-Rah'man (que Dieu le protége) parvint au trône et qu'il nomma des gouverneurs dans toutes les villes et toutes les provinces, il envoya un khalifah à Tiznit : c'était Et'T'ahar ben Masoûd-el-Ouddaï. Il lui donna 300 cavaliers. Lorsqu'il arriva près de la ville, il demeura trois jours et on lui fournit de la nourriture et de l'orge. Au bout de ce temps, il manda à tous les habitants : « Venez me trouver, je vous lirai la lettre du Sult'an. » Tous les gens de Tiznit se rendirent, petits et grands, près du khalifah. Quand ils furent tous réunis, il leur lut l'écrit royal et ajouta : « Il faut que j'entre dans la ville pour m'établir dans la forteresse du roi. » On lui répondit : « Non, retourne par où tu es venu, vers ton maître et répète-lui ceci : Tu ne régneras pas sur nous ; ta k'açbah a été totalement détruite, et (avec ses débris) nous avons bâti une grande mosquée au milieu de notre ville. » Le prince Mouley-Abd-Er-Rah'man envoya aussitôt contre eux son fils Sidi-Moh'ammed [1] avec le khalifah Et'T'ahar et leur donna 6,000 cavaliers. Les gens de Tiznit furent informés de l'approche de l'armée et de celle du fils du Sult'an, dont l'avant-garde était déjà près d'eux. Les soldats arrivèrent au milieu du pays des Achtouks et campèrent dans la ville de Tebouh'onaïkt, près du fleuve Alr'as. Il y avait une journée de distance entre Tiznit et lui. Les habitants, effrayés, envoyèrent des députés vers les autres districts pour leur dire : « Venez vers nous, car le fils du Sult'an est arrivé et nous a mandé de lui construire une citadelle dans l'espace d'un mois ; sinon, il tomberait sur nous, se fraierait un passage et détruirait notre ville. » Les tribus qui entourent Tiznit se rassemblèrent ; c'étaient les Aït-Bâmouran, avec les gens de l'Oued-Noun [2] et tous les montagnards [3] ; une foule considérable d'hommes marcha contre l'armée royale. Le fils du Sult'ân demeura vingt-deux jours à Tebouh'onaïkt, puis, partant de là, il traversa le fleuve Alr'as et marcha

(1) C'est ce prince qui succéda en 1859 à Mouley-Abd-Er-Rah'man et qui eut à soutenir en 1860 une *guerre* contre l'Espagne.

(2) Sur l'Oued-Noun que nous trouvons mentionné pour la première fois par El-Bekri, sous le nom de Noul-Lemt'a, voir Renou, *Description du Maroc*, p. 51-64, et Faidherbe, *Renseignements géographiques*, p. 187-189. Il y a une vingtaine d'années, Beïrouk, le chef de ce pays, tenta de nouer des relations avec la France. (Cf. Gatell, *Le Tekna et l'Oued-Noun*, *Bulletin de la Société de géographie*, octobre 1869.)

(3) La version arabe ajoute : « Les sujets de Sidi-Hecham, les tribus d'Idouliteit (Idaoultit), d'Idaubouakol.... »

contre les rebelles. Arrivé près de la ville, il s'arrêta, établit son camp et entoura Tiznit de tous côtés. Les habitants firent une sortie et combattirent, puis ils se séparèrent et se reposèrent jusqu'au coucher de l'étoile du matin. Le combat recommença jusqu'à la chute du jour : l'armée royale fut défaite et rejetée au delà du fleuve Alr'as. Le fils du Sult'an tua aux révoltés 87 hommes et 35 chevaux, mais beaucoup de ses soldats succombèrent. Il reprit sa route et revint à Merakech (Maroc).

CHAPITRE VIII.

RENSEIGNEMENTS SUR LE PAYS DE TAGARGOUST [1].

C'est un district unique, situé près de la source de l'Oued-Sous. Il est éloigné de Taroudant d'un jour et demi de marche. Le nombre des bourgs de cette tribu est de 13; la population mâle est de 2,500 hommes et davantage : on compte 1,200 maisons. Il y a trois cheïkhs qui se partagent cette tribu et se combattent mutuellement l'un et l'autre : une grande hostilité règne entre eux. Lorsqu'un garçon atteint l'âge du jeûne, son père lui achète un fusil et un sabre. Le marché est au milieu du pays, mais nul homme ne s'y rend sans son fusil et son sabre. Les cheïkhs jugent chacun dans le marché pendant 4 mois de l'année (à tour de rôle) et pendant la période de leur magistrature, ils décident sur tout ce qui est coupable, mais paient le prix du sang pour quiconque est tué sur le marché. (Il arriva que l'un d'eux) dit : « Je ne donnerai rien : cherchez celui qui a commis un meurtre, il vous paiera le prix du sang. » Les cheïkhs répliquèrent : « Fais attention, donne-nous une partie de ton bien. » — « Je ne vous donnerai rien », répondit-il. De cette façon, ils dispu-

---

[1] L'itinéraire des pèlerins marocains, recueilli par Berbrugger, mentionne une station d'Aguergouz entre Açak'oui-Nibourk et Aït-Sous à six journées de marche d'Ouzioua sur la route de Tamgrout. (Renou, *Description du Maroc*, p. 168.)

tèrent jusqu'à se battre à coups de fusil; chacun tentait de pénétrer chez l'autre pendant la nuit et d'y voler ses chevaux ou ses bœufs et de le tuer. Ils agissaient de cette manière l'un envers l'autre. Le jour, il y avait des gardes avec des chevaux. Cet état de choses dura un an ou deux, jusqu'à ce que Ben-Naçer vînt dans le pays pour surveiller les villages où il se commettait tant de crimes; il alla chez les uns et les autres et rétablit la paix.

Le fils de Ben-Naçer, Sidi-Bou-Bekr, arriva dans le district de Tagargoust, s'arrêta au centre et y demeura, lui et ses compagnons, les marabouts (*iggouramen,* saints) des régions voisines. Les cheïkhs et les grands de ces districts se réunirent devant le marabout de Ben-Naçer, dont nous avons parlé. Il envoya ses compagnons dire aux gens de Tagargoust: « Rassemblez-vous tous, grands et petits. » Les marabouts répondirent: « Que la paix soit avec vous! » L'un d'eux ajouta: « Nous ne ferons pas la paix avec eux jusqu'à ce qu'ils aient payé le prix du sang de nos frères qu'ils ont tués: alors nous nous réconcilierons. » — « Qu'avez-vous à dire sur la rançon du sang? » demandèrent les marabouts. Les autres répliquèrent: « Nous n'avons fait périr aucun de leurs frères. » — « Jurez-le sur le livre sacré », leur dirent les arbitres. Ils acceptèrent et prêtèrent serment. Les cheïkhs des autres tribus qui étaient présents ajoutèrent: « Il faut renoncer à l'argent que vous réclamez pour vos frères devant les marabouts et devant nous. » Le peuple de Tagargoust s'écria: « Que Dieu maudisse les richesses, mais qu'il nous garde votre faveur, celle de Ben-Naçer et celle des saints personnages qui sont avec lui! » Le fils de Ben-Naçer reprit: « Voici que j'ai rétabli la paix entre vous: quiconque violera cette trêve sera puni de mort: prions le Seigneur de faire descendre sur lui la honte et l'opprobre du juif, et que ses rivaux l'empo[illegible]ent toujours sur lui. » Les cheïkhs des districts qui étaient présents répondirent: « Nous sommes témoins de la paix de Dieu que les marabouts ont établie entre vous : si quelqu'un la viole, nous nous réunirons tous contre lui pour lui faire payer 2,000 mithk'als d'amende; sinon nous brûlerons son pays et nous le ravagerons jusqu'à ce qu'il l'emporte sur nous ou que nous l'emportions sur lui. » Ces paroles furent approuvées par le fils de Ben-Naçer et par les saints personnages qui étaient avec lui.

Voilà ce que fit le fils de Ben-Naçer dans les provinces de Sous jusqu'à ce qu'il revînt dans son district.

CHAPITRE IX.

DES FUSILS ET DES SABRES.

Ils sont tous [1] apportés dans la ville d'Agadir dans le gouvernement de Sidi-Moh'ammed-ben-Abd-Allah. On y introduit des fusils, des poignards, des sabres, de la poudre anglaise et tout ce qu'on peut mentionner du pays des chrétiens. La ville d'Agadir, dont nous venons de parler, a un port où viennent les navires chrétiens. Sidi-Moh'ammed-ben-Abd-Allah y envoya son khalifah appelé Et't'aleb Çalih'. Il s'occupa, pendant son administration, de rassembler une grande fortune : les fusils apportés dans les provinces étaient appelés de son nom *monnaie* (marchandise ?) *du t'aleb Çalih'*. Ce lieutenant se révolta contre le Sult'an, ne lui envoya plus d'argent et ne le consulta plus dans les affaires. Quand le prince lui mandait : « Fais telle ou telle chose avec les chrétiens, les musulmans ou d'autres », il répondait : « Je ne te donnerai pas satisfaction : je n'agirai qu'à ma guise, car tous les gens du Sous sont sous ma main; je te laisse l'Occident [2]. » Le Sult'an remit beaucoup d'argent à Sidi-Moh'ammed-ben-Abd-Allah et l'envoya avec des troupes contre le rebelle. Celui-ci

---

[1] Au lieu de *Kounien* que porte le texte imprimé et peut-être le manuscrit, il faut lire *Koulloutes*.

[2] D'après Hodgson, cet événement arriva pendant le séjour de Jackson au Maroc.

lutta avec le Divan (impérial) jusqu'à ce qu'il fut pris et qu'on lui eut mis des entraves et des chaînes. Les partisans de l'Empereur lui firent savoir : « Nous avons fait prisonnier ton khalifah Et't'aleb Çalih' et ses complices. » Le prince répondit : « Faites-lui un bonnet de fer et une chemise de fer, et ne lui donnez qu'un pain par jour. » Dans une lettre qu'il envoya il dit aussi : « Rassemblez toutes les marchandises qui se trouvent là, et que les vaisseaux chrétiens les portent à Taçcourt (Mogador), sans laisser quoi que ce soit. » Fusils, sabres, poudre, soufre, toiles, cotonnades, tout ce qu'on avait apporté fut transporté.

Pendant le règne de Sidi-Mouley-Soliman[1], il construisit cette ville telle qu'elle est à présent, il l'agrandit et dit aux chrétiens : « Il faut que vous m'envoyiez des canons, des mortiers et de la poudre ; je vous donnerai ce que j'ai en fait de blé, d'huiles, de laines et tout ce que vous désirerez. » Les chrétiens répondirent : « Très-volontiers ; nous reviendrons vers toi avec nos produits. » Ils lui rapportèrent des canons, des mortiers, de la poudre et tout ce qui leur avait été demandé. En échange, il leur fournit des laines, du blé, de l'huile et tout ce qu'ils voulurent. Les oulémas lui firent des reproches : « Tu n'accomplis pas la loi en donnant du blé, de l'huile et des laines aux chrétiens, tu affaiblis les musulmans. » Il leur répondit : « Il faut sacrifier une, deux ou trois années jusqu'à ce que les chrétiens m'aient approvisionné de canons, de poudre et de tout ce qu'il me faut ; je placerai ces engins

(1) Mouley-Soliman, frère de Mouley-Hecham, sortit vainqueur de la guerre civile qui désola les derniers jours de Mouley-Yézid et enleva à son frère la possession de l'Empire (1795). Il eut à comprimer plusieurs révoltes dont la plus dangereuse fut celle des Chelh'a du Sous et de l'Atlas méridional. Pendant quelque temps, le Sult'an ne posséda plus que Méquinez (Miknasa), où il était assiégé, après avoir failli tomber entre les mains des rebelles. Ceux-ci avaient mis à leur tête son neveu Mouley-Ibrahim, puis à sa mort, son frère Mouley-Sâïd ; mais Mouley-Soliman finit par triompher (1822). La même année, il mourut laissant pour successeur son neveu Mouley-Abd-Er-Rah'man. (Cf. Godard, *Description et histoire du Maroc*, p. 572, 589.)

dans les villes maritimes pour combattre les infidèles lorsqu'ils arriveront. Il y avait à Taççourt 150 canons, 40 mortiers, sous le règne de Sidi-Moh'ammed-ben-Abd-Allah qui avait construit la ville. Mouley-Soliman (que Dieu ait pitié de lui! Amen) l'acheva, mais Mouley-Abd-Er-Rah'man n'y ajouta rien. Au contraire, il interdit d'y introduire des fusils, de la poudre et des sabres. On n'y apporte plus que d'autres marchandises. Ce prince règne encore aujourd'hui.

CHAPITRE X.

AUTRES RENSEIGNEMENTS SUR LES FUSILS.

On n'en fabrique que dans trois villes à l'intérieur du Sous. Je vais donner les noms des endroits où l'on fait les fusils. Le premier est appelé Tidli (1) d'Ida-Oultit; le second, Touslan, dans le district d'Idagarsmoukt; le troisième, Kouran (2), dans la région des montagnes. Les ouvriers sont très-nombreux; ils fabriquent aussi des canons de fusils, des pistolets, des platines d'armes à feu et tout ce qui s'y rapporte. Quant aux sabres et aux poignards, ils sont faits par les armuriers arabes. On fabrique dans chaque province de la poudre, mais en petite quantité. La plus grande partie est l'œuvre des habitants d'Idabouâkil et d'Aglou. Chez le fils de Hecham, il y a sept (3) forgerons qui fabriquent des fusils. Ce sont les seuls et ils habitent constamment dans la citadelle. Dans le pays des Aït-Massat, il y avait aussi sept forgerons-armuriers qui fabri-

---

(1) C'est peut-être la Tadla, comptée par El-Edrisi parmi les villes berbères du Sous (*Description de l'Afrique et de l'Espagne*, p. 56 du texte). Elle est située dans le Tazroualt et sa fabrique de fusils est encore renommée aujourd'hui. (J. Gatell, *Description du Sous*, p. 99.)

(2) Au lieu de *Kouran*, que donne M. Newman, il faut peut-être lire *Gourar*. Ce nom désignerait alors le pays montagneux d'Aït-Gourar, où se trouve, entre autres, à Ida-Ali, une mine d'or autrefois exploitée par les Européens. (J. Gatell, *Description du Sous*, p. 83.)

(3) Version arabe « deux ».

quaient des fusils et des platines. Aujourd'hui, il n'en reste aucun [1].

Je vais donner ici les noms des bourgs du pays de Massat : le premier s'appelle Ar'balou ; le second, Ar'rimz ; le troisième, Imellalen [2] ; le quatrième, Idouemmihia [3] ; le cinquième, Agadir du marché ; le sixième, Aït-Elias ; le septième, Tikiout [4] ; le huitième, Idaouelloun ; le neuvième, Ifantar ; le dixième, Tesinnoult ; le onzième, Djaouabr ; le douzième, Tasili ; le treizième, Ikhraben (les ruines).

CHAPITRE XI.

RENSEIGNEMENTS SUR LES FLEUVES.

J'énumérerai ici tous les fleuves qui coulent entre l'Oued-Noun et la ville de Taççourt. Le premier qui traverse l'Oued-Noun se nomme la rivière de Dra [5] ; le second, le fleuve de Tazroualt ; le troisième, l'Oued-Alr'as ; le quatrième, l'Oued-Sous ; le cinquième, l'Oued-Tamzir't ; le sixième, l'Oued-Aourga ; le septième, l'Oued-Aït-Amr [6] ; le hui-

---

(1) Cette dernière phrase manque dans la version arabe.

(2) Ce mot, dérivé de la racine *Amellal*, qui signifie blanc en berbère, est assez fréquent dans la synonymie géographique du Maroc : dans la région du Sous, nous trouvons une ville de Tamellalt (la Blanche) mentionnée par El-Edrisi, et dans le district de Dades, sur le cours supérieur de l'Oued-Draâ, le bourg d'Ir'eram-Mellonlen (ville blanche). (Cf. de Castries, *Notice sur la région de l'Oued-Draâ*, p. 508.)

(3) Version arabe : « Adoumhar ».

(4) Tikiout est le nom chelh'a de l'arbuste appelé en arabe *dagmouz* ; c'est une sorte de cactus dont la fleur renferme un miel abondant utilisé par les indigènes. (J. Gatell, l'*Oued-Noun et le Tekna*, p. 261.)

(5) Sur l'Oued-Draâ cf. Léon l'Africain (*De Africæ descriptione*, p. 740), Renou (*Description du Maroc*, p. 65-73, 174-182), M. de Castries, qui en a décrit le cours supérieur d'après les renseignements indigènes (*Bulletin de la Société de géographie de Paris*, décembre 1880, p. 497-519) et M. J. Gatell (*L'Oued-Noun et le Tekna*, p. 269-272). Ce nom remonte à une haute antiquité, puisque nous trouvons mentionnés dans Pline l'Ancien (*Historia naturalis*, liv. V, ch. I, 9), immédiatement après le fleuve Masat, le fleuve Darat, où vivent les crocodiles, et (*H. nat.*, V, I, 10) les Éthiopiens Daratites. Ceux-ci, d'après une hypothèse moderne que rien jusqu'à présent n'est venu contredire, représenteraient une race indigène antérieure aux Berbères et apparentée aux Azir, Kadjâga, Mandingues-Wakorés et Tibbous. C'est à elle qu'il faudrait attribuer les dessins, les sculptures et les inscriptions recueillis dans le Sous par le rabbin Mardochée. (Cf. Duveyrier, *les Sculptures antiques de la province de Sous*, p. 129-147.)

(6) L'Oued-Aït-Amr est la rivière que Davidson et le rabbin Mardochée appellent Beni-Tâmer. Elle traverse le territoire des Aït-Ish'ak et se jette près du cap Ir'ir à

tième, l'Oued-Iguizoulen [1]; le neuvième, l'Oued-Idaougardh [2]. C'est sur ce fleuve que Taççourt est bâtie.

Tels sont les cours d'eau entre Taççourt et le Çah'ara. Quant à la distance qui les sépare l'un de l'autre, la voici : entre l'Oued-Idaougardh et l'Oued-Iguizoulen, il y a un jour de marche ; entre ce dernier fleuve et l'Oued-Aït-Amr, un jour de marche ; entre celui-ci et l'Oued-Aourga, une demi-journée ; de là à l'Oued-Tamzir't, quatre heures au moins ; de l'Oued-Sous à l'Oued-Alr'as, un jour de marche ; entre cette rivière et l'Oued-Tazrouelt, un jour ; de là à l'Oued-Draâ, six jours et demi ; de l'Oued-Noun au Çah'ara, il y a 40 journées de route et plus. Tels sont les fleuves qui coulent entre Taççourt et le pays de l'Oued-Noun.

Des étangs renfermant des eaux stagnantes et ne s'écoulant pas comme des rivières se trouvent : le premier au milieu du pays d'Arguibat [3] ; le second, dans celui d'I-

---

deux journées de marche de Mogador. (Renou, *Description du Maroc*, p. 45.) Mannert (*Géographie ancienne des États Barbaresques*, trad. fr., Paris, 1842 ; in-8°, p. 561) a assimilé cette rivière à la Sala de Ptolémée.

[1] L'Oued-Iguizoulen est, d'après Gräberg de Hemsö, le même que Tidsi. Mannert l'identifie avec l'Una de Ptolémée. Comme le fait remarquer Renou (*Description du Maroc*, p. 50), le nom de Guezoula (dont Iguizoulen est le pluriel berbère), Djezoula, Gzoul, Djaddala, est très-répandu chez les populations d'origine berbère. Cf. sur les Djaddala ou Goddala, qui, au temps d'El-Bekri (XIe siècle de notre ère), habitaient à l'extrémité du monde musulman, la notice qu'en a donnée M. Desborough Cooley (*The Negroland of the Arabs*, London, 1841, in-8°, p. 28).

[2] L'Oued-Ida-Ougardh, que M. Newman lit Daougard, et dont les *Itinéraires* de Venture de Paradis et de Delaporte permettent de rétablir le vrai nom (Iddaougart, Idda-Oughart), est sans doute le même que l'Oued-R'ourd, petit ruisseau appelé aussi Oued-El-K'çob (fleuve des Roseaux), Oued-El-Aïoun (fleuve des Sources) et qui coule près de Mogador. (Cf. Renou, *Description du Maroc*, p. 48.)

[3] Les tribus d'Arguibat ou, selon les diverses relations, Erkiebat, Erghebat, Raghobat, habitent au sud-ouest de l'Oued-Noun, entre les Oudlaïms et les Tadjakant (Renou, *Description du Maroc*, p. 180). Alexandre Scott, qui fit naufrage sur ces côtes en 1810 et fut emmené en esclavage dans l'intérieur, rapporte que les Or-Ghabit (Arguibat) étaient plus noirs que les peuplades du rivage. Il rencontra une de leurs caravanes possédant un éléphant apprivoisé. (Cf. Walckenaer, *Recherches géographiques sur l'Afrique septentrionale*, Paris, 1821, in-8°. Appendice IX.) Les Arguibat se prétendent issus de Moh'ammed et prennent en conséquence le titre de *Chorfa*. Leurs campements s'étendent au sud de l'Oued-Draâ jusqu'au Tagant (Barth, *Reisen und Entdeckungen in Nord- und Central-Afrika*, 5 v. in-8°, Gotha, 1859, t. V, p. 451) ; ils parlent arabe et non berbère (Faidherbe, *Renseignements géographiques*, p. 134-135). Le k'adhi Bou'l-Moghdad mentionne, dans son voyage (*Revue maritime*, mai 1861, p. 462) au nord de Glimin (Aougelmim) la k'oubbah d'un cheikh très-vénéré, R'guébi, probablement l'ancêtre éponyme de cette tribu qui compte 800 tentes (Gatell, *l'Oued-Noun et le Tekna*, p. 277).

zarguin (1). Ces deux étangs que je viens de mentionner sont situés dans l'Oued-Noun. Il en existe d'autres, dont l'un est au milieu d'Azr'ar (2) dans l'Idaoultit; un second dans le pays d'El-Khanabib ; un troisième, dans la contrée d'Idaouguilal; un quatrième, dans celle de Touggaï (3). C'est tout ce que que je sais des étangs qui se trouvent dans la province de Sous.

CHAPITRE XII.

AUTRES DÉTAILS SUR TOUT LE PAYS D'OUED-NOUN.

Je vais donner les noms de toutes les tribus. La première est appelée Aguelmim (4); la seconde, Azouafidh (5);

---

(1) Les Izarguins sont probablement les Sergeïus de Barth (*Reisen und Entdeckungen*, t. V, p. 566), qui les place dans le Chebaka en les rattachant, ainsi que M. Faidherbe, à la famille des Tikkeua (Tekua, Dekkena, ou Emtekna de la relation). D'après lui, ils se divisent en Yegout et en Ouëtousa, tandis que M. Gatell fait des Yaggont (Yegout) une tribu spéciale, forte de 400 tentes. Ils habitent aussi près de l'Oued-Draâ, et la sebkhah dont il est question est sans doute celle d'Anajim (Faidherbe, *Renseignements géographiques*, p. 143).

(2) Malgré la ressemblance des noms, il ne peut être question ici du pays d'Azgar (Azr'ar) mentionné par Léon l'Africain (*De Africæ descriptione*, p. 390) comme une province du royaume de Fas, entre le Bou-Regrog à l'est et le Bou-Nazar au sud.

(3) Touggaï est le même nom que Taougga, indiqué dans l'itinéraire de Moula-Ibrahim, comme étant à trois journées du Maroc, sur la route de l'Oued-Sous (Faidherbe, *Renseignements géographiques*, p. 141). Ce pays est peuplé de Chelh'as.

(4) En berbère, *Aguelmim signifie étang*. Toutes les tribus mentionnées, excepté les Arousin et les Arguibat, sont monogames (Faidherbe, *Renseignements géographiques*, p. 142 ; *Relation* de Boul-Moghdad, p. 491). Aguelmim, bâti près de la rivière d'Oumm-El-Achair, se compose de trois quartiers : Agadir, où demeure le chef du pays, Moh'ammed-ben-Beïrouk et qui est probablement une ancienne ville berbère (comme l'Agadir des environs de Tlemcen) ; la k'açbah, à l'ouest d'Agadir, et au sud, El-K'açr. Ces trois quartiers sont séparés les uns des autres et entourés d'une seule muraille percée de cinq portes; au nord, Bab-Agadir et Bab-El-K'açbah ; à l'ouest, Bab-Agolt, en ruines; au sud Bab-Moh'ammed-Brahim et Bab-El-Djem. C'est près de cette dernière qu'est situé le tombeau du cheïkh Beïrouk. Au nord d'El-K'açr est le quartier des juifs, qui y possèdent une synagogue; au nord-ouest de la ville, on a bâti un nouveau quartier. Aguelmim compte environ 3,000 habitants dont 100 juifs. Les environs sont presque entièrement dépouillés d'arbres. (Gatell, *l'Oued-Noun et le Tekna*, avec un plan de la ville, p. 264-286.)

(5) J'ai corrigé la lecture de M. Newman, *Izafadh* en Azouafidh, d'après le nom donné par M. Gatell à cet endroit qui fait partie du pays de Tekna, au sud de l'Oued-Noun, qu'il égale en superficie. Il renferme la montagne de Tamsouk et est habité par les Aït-H'amd, les Aït-Tennos, les Aït-Brahim et les Aït-Messoud, tous nomades et possédant environ 2,000 tentes. On trouve seulement trois villages: Tigmert, où réside le cheïkh, Asserir et Ouaroun. (Gatell, *l'Oued-Noun et le Tekna*, p. 258 267, 276.)

la troisième, Izarguin; la quatrième, Ouled-bou-Aït'a [1]; la cinquième, Mouddjadh en chelh'a et El-Kourâ en arabe [2]; la sixième, Teroua (descendant) Ellabras; la septième, Arguibat; la huitième, Afran (dent) en chelh'a et en arabe El-R'iran [3]; la neuvième, Aït-Mousakna [4]; la dixième, Imtakna [5]; la onzième, Ida-Ou-Belal [6]; la douzième, Ouled-bou-Sebâ [7]; la treizième, Ouled-Dellim [8]; la quatorzième, Ladouya [9]; la quinzième, Tad-

---

(1) Les Oulad-bou-Aït'a font partie du Tekna et comptent 90 tentes.

(2) Les Mouddjad ou Medjat sont peu nombreux et vivent de leur pêche. Ils habitent en face des Canaries (Faidherbe, *Renseignements géographiques*, p. 136).

(3) Une tradition locale prétend qu'il existait autrefois des chrétiens à Afran (Duveyrier, *De Mogador au Djebel-Tabayoudt*, p. 570).

(4) Les Aït-Mousakna sont une des 18 fractions des Aït-Bâmouran.

(5) Le nom d'Imtakna désigne les habitants du Tekna qui s'étend le long de la côte d'Afrique depuis l'Oued-Noun jusqu'à la Saguiat-El-H'amra, sur une longueur de 32 kilomètres et une largeur de 4. Ils se divisent en 2 parties : Azouafidh et Aït-Djemel. La population presque entière est nomade ; elle est très-sobre et extrêmement jalouse de son indépendance, toutefois moins fanatique que les habitants du Sous et de l'Oued-Noun (Gatell, *le Tekna et l'Oued-Noun*, p. 259-259, 273-274).

(6) Les Idu-Belal (Ida-Ou-Belal) sont mentionnés par Barth (*Reisen und Entdeckungen*, t. V, p. 543) comme une des tribus libres et pacifiques (Souaï ou Morabotin), habitant à la fois le pays d'El-Hodh et de Baghina. Ils appartiennent à la grande famille des Teghdaoust, mélangée d'Arabes et de Berbères. D'après Moula-Ibrahim, les Idda-Ou-Belal font partie des Ouled-Delim-Cheraga ou Orientaux. (Faidherbe, *Renseignements géographiques*, p. 138.) Bou-il-Moghdad rencontra une de leurs fractions près de Tiznint (Tiznit) au nord de l'Oued-Noun. (*Revue maritime*, p. 492.)

(7) Les Ouled-bou-Sebâ sont divisés en plusieurs fractions qui parcourent le pays entre le Maroc et le cap Blanc, spécialement autour d'Arguin. Quelques-uns se sont fixés à Saint-Louis (Faidherbe, *Renseignements géographiques*, p. 135-136, 154). Les Arabes expliquent ce nom soit par Bou-Sebâ, le père des lions (l'homme aux lions), parce que l'ancêtre de cette tribu était accompagné continuellement de plusieurs de ces animaux, comme cela se pratique dans certaines confréries musulmanes en Algérie ; soit par Bou-Sebâ, l'*homme aux sept* (femmes, enfants ou chameaux), soit enfin par Bous-Bâa, *Bousa* (bien) *vendu*. Aucune de ces étymologies, excepté peut-être la première, ne mérite d'être examinée. En 1864, le chef de cette tribu était un certain Ould-Bou-Cheïguir qui résidait dans le Terri et avait fait le pèlerinage de la Mekke. (*Annuaire du Sénégal pour 1864*, Saint-Louis, in-12, 1864, p. 142.)

(8) Les Ouled-Dellim sont une tribu indépendante du Maroc, vivant au sud de l'Oued-Noun. En 1680, ils obéissaient au chef d'un pays que Mouette (*Histoire des conquestes de Mouley-Archy*, p. 302) appelle royaume du Soudan. A leur appel, Mouley-Ahmed, vice-roi de l'Oued-Draâ, profitant de l'absence de leur maître qui était allé guerroyer dans le Sénégal, s'empara de la province de Tagazel où ils habitaient et la réunit à l'empire du Maroc. (Cf. Chénier *Recherches sur les Maures*, t. III, p. 398-399 ; Godard, *Description et histoire du Maroc*, p. 516.) Ils descendent des Benou-H'asan, une des trois fractions de la tribu yéménite de Makil, qui émigra dans le Maghreb au XIe siècle de notre ère, et sont apparentés aux Braknas et aux Trarzas de la rive droite du Sénégal. Tandis que Barth les compte parmi les tribus arabes du Teriss et du Mar'ter et les divise en Ouled-Maref et Delim-El-Ah'mar, subdivisés en sous-tribus (*Reisen und Entdeckungen*, t. V, p. 562-564), M. Faidherbe les partage en Ouled-Delim-Cheraga (Orientaux) établis dans l'Azouad, à l'ouest de Tombouctou, et en Ouled-Delim-Gheraba (Occidentaux), vivant sur la côte depuis le cap Blanc jusqu'au cap Boïador (*Renseignements géographiques*, p. 132-134). Il mentionne parmi les derniers les Ouled-Maref de Barth, mais ne parle pas des Delim-El-Ah'mar.

(9) Il faut sans doute voir dans Ladouya une corruption du nom d'Ouled-Yah'ya (Ben-Othman), tribu nomade de l'Adrar, divisée en plusieurs fractions dont la plus importante est celle des Ouled-Ammoni. (Cf. Regnault, *Résumé du voyage du capitaine Vincent dans l'Adrar. Annuaire du Sénégal*, 1864, p. 133.)

jakant (1). Voilà les noms des tribus que je connais dans l'Oued-Noun; entre elles et le Çah'ara, il en existe beaucoup d'autres. Toutes celles que je viens de nommer habitent sous la tente. Il n'y a dans ce pays d'autres maisons que dans le district du chef. La citadelle est au milieu; elle est bâtie de chaux, de pierres de taille et de marbre du pays de Ben-Naçer. On a fait venir les poutres de Taççourt. C'est aussi de là que sont venus les maçons, les ouvriers et les charpentiers qui ont construit cette k'açbah qui ressemble à celle de Tandja (Tanger). On y a établi un quartier pour les juifs ainsi que des auberges. Elle est entièrement entourée de murs.

Ici se terminent les renseignements qu'a réunis le t'aleb Sidi-Brahim, de Massat dans le Sous, sur les pays qu'il a visités.

L'ouvrage a été composé en l'an 1251 (de l'hégire), que Dieu favorise l'auteur!

---

(1) Les Tadjakant, forme collective de Djakan, habitent à l'est des Arguibat, avec lesquels ils sont continuellement en guerre et s'étendent, dit-on, jusqu'à Tombouctou. Ils prétendent à une origine h'imyarite, comme tous les Berbères, et se divisent en cinq tribus, subdivisées elles-mêmes en fractions. Au temps de Barth, ils pouvaient réunir 2,000 fusils; d'autres appréciations portent à 4,000 le nombre de leurs fusils (Barth, *Reisen und Entdeckungen*, t. V, p. 556-557; Sabatier, *la Question du Sud-Ouest*, Alger, 1881, in-8o, p. 14-15). D'après M. Regnault (*Annuaire du Sénégal pour 1864*, p. 166), le village qu'ils occupent dans l'Oued-Noun se nomme Toundouf. Le berbère n'est plus parlé chez eux que par les vieillards et une lutte avec les Kountah, autre peuple voisin du Tagant, a fort affaibli les Tadjakant.

Nancy, imprim. Berger-Levrault et Cie.

www.ingramcontent.com/pod-product-compliance
Ingram Content Group UK Ltd.
Pitfield, Milton Keynes, MK11 3LW, UK
UKHW020514230726
13925UKWH00005B/2156

9 782013 628020